BIBLIOGRAPHIE

ITALICO - NORMANDE.

BIBLIOGRAPHIE

ITALICO - NORMANDE

CONTENANT

1º UN ESSAI HISTORIQUE SUR LES RELATIONS ENTRE L'ITALIE
ET LA NORMANDIE ;

2º UNE BIBLIOTHÈQUE DES OUVRAGES RELATIFS AUX RELATIONS
DES DEUX PAYS ;

3º UNE BIBLIOTHÈQUE DES OUVRAGES RELATIFS A L'ITALIE,

Composés par des Auteurs normands ;

PAR

JULES THIEURY

Chevalier des Ordres des Saints Maurice et Lazare,
et du Christ de Portugal,
Membre de la Commission des Antiquités du département de la Seine-Inférieure,
Archiviste-Adjoint de la ville de Dieppe,
Membre de la Société de l'Histoire de France,
de la Société Française d'Archéologie,
de la Société des Antiquaires de Normandie,
etc., etc.

PARIS, Librairie AUGUSTE AUBRY, rue Dauphine, 16.

ROUEN, Librairie A. LE BRUMENT, rue de l'Impératrice.

DIEPPE, Librairie A. MARAIS, Grande-Rue.

1864
1865

A

Son Excellence

Le Comte Louis Cibrario,

Ministre d'Etat,

Sénateur du Royaume d'Italie, etc.,

L'Auteur illustre de

L'Economie politique du Moyen-Age,

Et de tant d'autres livres admirés des Erudits,

Qui ont illuminé la voie que je cherche à parcourir,

Je dédie respectueusement ce travail

Qui rappelle les anciennes et bonnes relations

D'une grande Province française avec l'Italie.

Jules Thieury.

Paris, septembre 1864.

ESSAI HISTORIQUE

SUR LES RELATIONS

ENTRE

L'ITALIE ET LA NORMANDIE.

La *Bibliographie italico-normande,* qui fait l'objet de ce volume, n'indique que les ouvrages qui traitent exclusivement des relations particulières de l'Italie et de la Normandie ; elles n'ont d'annales sérieuses et suivies que depuis la chute du Bas-Empire. Il est bien certain toutefois que les habitants du pays qu'on nomme aujourd'hui la Normandie, les *Calètes,* les *Vélocasses,* etc., ont participé aux invasions des Gaulois qui portaient la terreur jusque dans Rome la toute-puissante ; et de même que ces peuplades n'étaient pas seules dans ces troupes conquérantes, de même les Romains, proprement dits, employèrent le secours de hordes étrangères, quand ils vinrent sous la conduite de César et de Labiénus faire la conquête de ce pays, qu'ils comprirent, à la fin du IIIᵉ siècle, dans la circonscription de la Gaule à laquelle ils donnèrent le nom de *Deuxième Lyonnaise.*

Le premier document écrit, qui nous intéresse, se trouve dans la *Géographie* du grec Strabon, qui vivait un demi-siècle avant l'ère chrétienne. En parlant des Calètes, il dit : « Ils ont un si grand nombre de moutons et de porcs qu'ils fournissent abondamment d'étoffes de laine et de salaisons non-seulement Rome, mais presque toutes les parties de l'Italie (1). » Le même auteur nous fournit un autre renseignement qui ne le cède pas en importance à celui-là, c'est l'itinéraire des commerçants d'Italie : « Depuis la Saône jusqu'à la Seine, on voiture les marchandises par terre. C'est en descendant cette dernière rivière qu'on les transporte dans le pays des Lexoviens et des Calètes..... » En présence d'une telle assertion, il est présumable que des relations de commerce existaient bien antérieurement.

Mais les transactions devinrent plus faciles, quand sous l'empereur Auguste un grand chemin, partant de Lyon, traversant le Beauvoisis et l'Amiénois, fut construit jusqu'à l'Océan ; sur cette route s'embrancha la voie qui conduisait de Paris à la mer en passant par Rouen et Lillebonne, et de cette dernière ville le commerçant traversait la Seine à Aizier où il trouvait deux voies dont l'une conduisait à Pont-Audemer, à Lisieux et au-delà, et dont l'autre traversait le Vieil-Evreux pour aboutir à Orléans (2).

Le champ historique de cette époque est rude à défricher, et l'on ne s'y avance qu'en glanant à grand'-

---

(1) Strabon, l. IV.
(2) Cf. Bergier, *Histoire des grands chemins de l'Empire Romain*, t. I, p. 527, 533, 547, etc.

peine les rares documents que le temps a épargnés.

Ainsi, il n'est pas douteux qu'après la conquête de la Lombardie par Charlemagne, les marchands neustriens n'aient fait commerce avec ceux de l'Italie ; nous en prenons à témoin une lettre de Charlemagne à Offa, de l'année 796, par laquelle cet empereur, après avoir complimenté le roi de Mercie, règle la manière dont seront traités les Anglais qui traverseront la France pour aller en Italie et à Rome (1).

Mais nous voulons écarter toute conjecture, et nous sommes heureux d'arriver à un fait certain, c'est le voyage qu'un habitant de la Pouille fit à Rouen vers l'an 980, afin d'obtenir sa guérison par les mérites de saint Ouen (2).

Les pèlerinages en Italie étaient fréquents à cette époque, car l'an mil approchait, la fin du monde était, croyait-on, inévitable et la conscience était l'aiguillon du voyage aux lieux saints. C'était vers l'Italie et Jérusalem que l'on tournait les yeux, et ces expéditions ou pèlerinages rapprochaient les peuples entr'eux et les préparaient ainsi aux relations commerciales.

Nous sommes arrivés à une époque fertile en grands faits : les invasions des Normands en Italie. C'est une sorte de chronologie que nous allons établir, l'histoire des invasions ayant été élucidée par

(1) Baluze, *Capitul.*, t. I, col. 273 et suiv.
(2) Neustria pia. S. Audœnus, p. 20, § III.

d'illustres historiens auxquels nous renvoyons dans notre *bibliographie*.

De retour de la Terre-Sainte, quarante chevaliers normands, en habits de pèlerins, se reposèrent à Salerne. Cette ville était alors (1016) assiégée par les Sarrazins, qu'ils chassèrent de la contrée.

Gaimar, le prince du pays, reconnaissant leur service, leur offrit les plus brillantes récompenses. « C'est pour notre foi que nous avons combattu, répondirent ces nobles chevaliers, et non pour *mérite de deniers*. » Nos chevaliers restèrent quelque temps dans Salerne, puis ils revinrent dans la mère-patrie accompagnés par des officiers salernitains, qui portaient des présents destinés au duc de Normandie.

Nos Normands, en revenant de cette expédition, rapportaient les éléments de cette architecture qui se confondit avec l'élément roman (1); ils importèrent aussi en Normandie le duel, comme un mode de régler leurs différends (2).

Les envoyés de Gaimar échouèrent dans leur mission auprès de Richard II, duc de Normandie; ils allaient se retirer, quand une circonstance vint remplir leur désir d'engager quelques Normands à s'expatrier. Osmond Drengot, riche seigneur des environs d'Alençon, avait tué, dans une chasse en présence du duc Richard, Guillaume Repostel, qui s'était vanté

(1) Sim. de Sismondi, t. I, p. 187.
(2) Toustain de Richebourg, p. 227.

d'avoir eu les faveurs de sa fille. Osmond, ce père déshonoré, fut obligé de fuir; il partit donc pour l'Italie avec ses trois frères, Rainufle, Raoul, Anquetil de Quarrel et une troupe de volontaires. En accomplissant, dès leur arrivée, un pèlerinage à Monte-Gargano, ils s'engagèrent au service de Melo de Bari, seigneur Apulien, pour tirer vengeance de l'empereur de Constantinople. Après avoir remporté trois grandes victoires sur les Grecs, Melo de Bari fut vaincu aux lieux mêmes où s'était livrée la fameuse bataille de Cannes, et où il trouva la mort le 1er octobre 1019.

Les relations commencèrent alors à devenir plus fréquentes et nos ducs Normands les favorisaient autant qu'il était en leur pouvoir ; nous citerons notamment l'émigration de Tancrède de Hauteville, — dans la famille duquel nous comptons des princes de Capoue, des comtes de Calabre, des comtes de Sicile, des princes d'Antioche, des rois de Jérusalem, — qui, secondé par ses douze fils et le seigneur de Montreuil-l'Argilé, fit la conquête du royaume de Naples et la Pouille.

Sur les entrefaites, Rainulfe, frère de Drengot, fut investi en 1038 par l'empereur Conrad du comté d'Averse, ville fondée par les Normands en 1030 sur un terrain donné par Sergius III, duc de Naples.

Il serait trop long de citer tous ces chevaliers aventureux qui déployèrent avec gloire l'étendard normand aux sanglantes couleurs. Au nombre de ces illustres aventuriers, nous en remarquons principalement un dont les hauts faits tiennent du merveilleux. Robert Guiscard naquit vers 1015 à Hauteville-la-Guichard dans le Cotentin. Ce fut lui (1) qui obtint en 1060 le titre de duc de la Pouille et de Calabre. Son frère Roger (2), né vers 1031, conquit la Sicile dont il reçut plus tard l'investiture ; pour quelques services rendus à la papauté, Urbain II le créa légat apostolique en Sicile, avec tous les droits du Saint-Siége. Cette concession fut l'origine du tribunal ecclésiastique de Sicile, dont l'autorité a été contestée par les papes jusqu'à nos jours.

A cette époque, la ville de Rhoëm (Rouen) allait atteindre à l'apogée de sa gloire ; le règne de Guillaume-le-Conquérant devait l'élever au rang d'une des villes les plus importantes du monde, et nous ne saurions mieux célébrer sa puissance et sa splendeur qu'en citant ces vers que l'on trouve à la fin d'une chronique de Normandie (3) et qui sont évidemment d'un trouvère de la cour de Roger, roi de Sicile (4); ils furent donc composés vers 1150 :

(1) Il mourut le 17 juillet dans l'île de Céphalonie qu'il avait conquise.

(2) Mort à Mileto dans la Calabre en juillet 1101.

(3) Bibl. Imp. — Chronique de Normandie, no 8,305-3-3 A, fonds Colbert, ancien no 434, in-fo maximo sur vélin à deux colonnes en écriture du xve s., vo du fo 117. — Fr. 2,623.

(4) Ce prince illustre, d'origine normande, mourut en 1154, âgé de 58 ans. Il avait fait graver sur son épée :

Appulus et Calaber, Siculus mihi servit, et Afer.

Rothoma nobilis, urbs antiqua, potens, speciosa,
Gens Normanna sibi te preposuit dominari ;
Imperialis honorificentia te super ornat ;
Tu Rome similis, tam nomine quam probitate,
Rothoma, si mediam removes, et Roma vocaris.
Viribus acta tuis devicta Britannia servit ;
Et tumor Anglicus et Scotus algidus et Galo sevus,
Munia, protensis manibus, tibi debita solvunt.
Sub duce Gaufredo cadit hostis et arma quiescunt,
Nominis ore sui Gaufredus gaudia fert dux ;
Rothoma letaris, sub tanto principe felix.
Ex te progenitus, Normanno sanguine clarus,
Regnat Rogerus victor, sapiens, opulentus.
Tu Rogere potens, tu maxima gloria regum ;
Subditur Ytalia et Siculus, tibi, subditur Afer ;
Grecia te timet et Syria, et te Persa veretur ;
Ethiopes, Albi, Germania, Nigra, requirunt
Te dominante sibi, te protectore, tueri.
Vera fides et larga manus tibi, septra dedere ;
Tu dignum imperio solum dijudicat orbis.

Le récit des hauts faits d'armes fatigue, quelque brillants qu'ils soient, et nous glisserons rapidement sur ces annales sanglantes, quoiqu'elles intéressent notre pays et qu'elles soient à sa plus grande gloire. Nous passons donc avec empressement des exploits guerriers qui portent avec eux la ruine, la mort et la désolation, aux affaires de commerce qui répandent partout le bien-être et la vie.

Le lecteur sait assurément, mais c'est ici le moment de le rappeler, qu'avant la dernière moitié du XIV° siècle la Normandie seule sur l'Océan, et le Languedoc sur la Méditerranée, formaient tout le littoral français.

Il est présumable que les Normands des Deux-Siciles ne venaient guère visiter leur mère-patrie ; toutefois ce qui indiquerait que leurs navires abordaient quelquefois les côtes de la Normandie et de l'Angleterre, c'est une charte donnée bien certainement à l'instigation des négociants italiens. La clause importante de l'ordonnance (1), signée à Messine le 16 octobre 1190 par Richard-Cœur-de-Lion, stipule que si le propriétaire d'un navire périt dans le naufrage, ses héritiers auront droit à réclamer ce qui sera sauvé. On sait qu'alors les seigneurs voulaient reprendre leur ancien droit de confisquer les naufragés et les navires qui échouaient sur leurs terres.

Nous devons aussi signaler deux autres faits assez curieux, l'un qui est antérieur à l'ordonnance précitée, l'autre qui lui est postérieur. Le premier, c'est le voyage à Rouen de Bohémond, prince d'Antioche ; le second, ce sont des marchands génois, Jacobo de Isola, Grimaldo Vicecomiti et Ugo Drappario, qui amènent au roi Jean-sans-Terre des balistes de la Ligurie (vers 1200).

« Alors l'Italie commerçante était représentée en Angleterre par la Toscane et la Lombardie. » (2)

Du temps de sa splendeur, Venise envoyait tous les ans une flotte dans les ports libres de la Flandre et du nord de l'Europe. Dieppe, au meilleur mouillage de la Manche, recevait les marchandises pour Paris, les vaisseaux du port, de mille, douze cents et

---

(1) Spelmann, apud Houard, anciennes lois des Français, etc., t. II, p. 321.

(2) Cibrario, *Économie politique*, t. II, p. 252.

deux mille tonneaux, ne pouvant se hasarder en Seine.
La boussole fut connue des Dieppois dès le XIIIᵉ siècle,
ce qui suffirait à corroborer la certitude des rapports
antérieurs, si nous ne trouvions l'une des traces les
plus curieuses de nos relations avec l'Italie dans le
nom même des courtiers de commerce dieppois, qui
étaient appelés alors *abrocateurs*, mot dérivé d'*Abbo-
cator*, qui signifiait délégué, entremetteur.

On nous permettra d'avancer ici une opinion qui
a quelque vraisemblance d'être l'idée d'un fait ac-
compli et qui apporte un document de plus aux relations des deux pays.

Lorsque Frédéric I, *Barberousse*, empereur de la
maison de Souabe, dominait l'Italie par la terreur
(1155-1176), une partie de la population émigra dans
des pays déjà connus où elle savait trouver la sécurité.
Les plus riches suivirent les croisés jusqu'en Palestine ; nous en avons des preuves par de nombreux
prêts qu'ils firent aux chevaliers une fois qu'ils furent
installés dans le pays ; d'autres, et ce fut le plus grand
nombre, mirent leur fortune dans le commerce et
furent les banquiers des croisés, par leurs commis
qui suivirent les armées occidentales que leurs ga-
lères concoururent à transporter avec celle des autres
Etats. Nous n'en citerons que deux exemples qui ont
rapport à la Normandie.

« A tous ceux qui ces lettres verront, Enguerrand
de la Rivière, Robert d'Espinay, Geoffroi, Marguerit

et Colart de Caqueray, chevaliers, savoir faisons que nous avons emprunté et reçu d'Andriolo Conte et de ses associés, citoyens de Pise, cent quarante marcs d'argent exigibles dans un an et pour le payement desquels notre très-cher seigneur Richard, illustre roi d'Angleterre, nous a donné ses lettres de garantie. Nous, de notre côté, avons accordé que dans le cas où nous manquerions audit payement, ledit seigneur roi nous contraindrait à le parfaire par la saisie de notre fief. En témoignage de quoi nous avons donné les présentes lettres munies du sceau de moi, Enguerrand de la Rivière, susdit. Fait au camp devant Acre, l'an du Seigneur 1191, au mois de juin (1). »

Autre acte :

« Que tous ceux qui les présentes lettres verront sachent que nous Raoul de Saint-Georges, Guillaume de Lostanges, Aymon Roger et Pierre des Près, chevaliers, avons reçu à titre de prêt de Jacob de Jhota et ses associés, marchands pisans, 230 livres tournois lesquelles devront être rendues, savoir une moitié aux approches de Pâques, l'autre à la fête de saint Remi ; et pour ce prêt notre excellent seigneur Richard, illustre roi d'Angleterre a donné sa garantie auxdits marchands. En témoignage de ceci, nous avons fait les présentes lettres sous le sceau de moi

---

(1) La Noblesse de France aux Croisades, publié par P. Roger. Paris, Derache, 1845, in-8° gr. form., p. 98.

Raoul de Saint-Georges. A Acre, l'an du Seigneur 1191, au mois de septembre (1).

Les Pisans ne furent pas les seuls ; ils avaient pour rivaux les Génois, les Vénitiens et bien d'autres.

L'autre partie de la population émigrante, la plus pauvre, vint dans le Nord ; nous pensons en avoir trouvé une colonie dans un faubourg de la ville de Dieppe.

Le mot *Polet* ne vient point du mot *Port-d'Est*, prononcé successivement *Pordest, Pordet, Pollet*, puisqu'en 1283, époque à laquelle nous trouvons pour la première fois le nom de ce faubourg de Dieppe, on ne parlait pas encore assez français pour donner à une partie de la ville le nom de Port-d'Est.

Voici comment s'expriment les lettres-patentes de Philippe III, datées du mois de mars de la susdite année 1283, qui cède à l'archevêque de Rouen tout ce qu'il possédait au Polet, *Quidquid in dicta* VILLA DE POLETO, *cum altà justitia, et focagio, cum hortis et jardinis habebamus.*

Sans nous arrêter aux nombreuses hypothèses des annalistes dieppois, nous pensons que *Poleto* était un mot *sui generis* et certaines circonstances survenues en même temps nous ont préparé une opinion.

Le mot *Poleto* ne viendrait-il pas du nom que la ville de Spolète portait dès le moyen-âge, *Spoleto?* Quelques géographes ont écrit le mot de Polet *Spolet,*

(1) Ibidem, p. 139.

notamment Boissevin, dans une vue qui a pour titre :
DIEPE FAMEUX PORT DE MER EN LA COSTE SEPTEN-
TRIONNALLE DE LA PROVINCE DE NORMANDIE. 1650. *A*
Paris, chez L. Boissevin, sur le Pont-aux-Changes, à
la Fontaine de Jouvence Royalle. H. 0^m250 ; L. 0^m715 ?

Ce que nous avançons est fort vraisemblable, si
nous remarquons encore l'opinion des historiens,
qui sont tous d'accord sur la tradition qui assigne
l'origine du Polet à une colonie méridionale.
M. Vitet, l'historien moderne de la ville de Dieppe,
donne à ce faubourg une origine vénitienne. « D'a-
bord l'ancien costume polletais était complétement
méridional : casaque de drap bleu ou rouge, garnie
sur toutes les coutures d'un large galon de soie
blanc ou bleu clair ; toque de velours noir, sur-
montée d'une aigrette en verre filé ; cravate à glands
d'argent, veste à grandes fleurs brodées, bas de
soie, souliers de drap à boucles d'argent ; puis, à la
veste, au gilet, à la culotte, des nœuds et des flocons
de rubans. Evidemment ce clinquant, ce barriolage
n'a jamais été imaginé par des hommes du Nord,
il y a là quelque chose du goût espagnol ou italien. Or,
bien que dès le onzième siècle les Normands navi-
guassent sur les côtes d'Espagne et de Portugal, il
est à peu près certain que ni Castillans ni Portugais
ne parurent dans les ports de Normandie avant le
quinzième siècle, c'est-à-dire avant qu'ils fussent en-
trés dans la carrière du commerce. Au contraire, il

est prouvé que les Vénitiens, notamment aux douzième et treizième siècles, à l'époque où la colonie du Pollet semble avoir dû se former, entretenaient avec les Normands des rapports journaliers, et même qu'ils avaient coutume de relâcher à Dieppe quand ils allaient en Hollande ou dans la Baltique. Voilà déjà un premier motif pour que ce soit aux Vénitiens plutôt qu'à tout autre peuple méridional, qu'il faille attribuer l'origine du faubourg du Pollet (1). Une autre raison qui peut confirmer cette conjecture, et qui me l'a même suggérée, c'est la prononciation molle, efféminée, et pour ainsi dire toute vénitienne, de ces rustiques Polletais. Ils suppriment toutes les doubles consonnes, modifient en adoucissant tous les sons durs ; enfin ils *blessent,* comme certains enfants : les *j* et les *g* sont prononcés par eux comme des *z*. Or, on sait que tels sont précisément les caractères de l'idiôme vénitien ; le *z* s'y reproduit à chaque mot (2). »

En présence de telles circonstances, nous admettons, jusqu'à preuve du contraire, que l'origine du Polet est italienne, et que ce faubourg ne serait autre

(1) Les Vénitiens avaient fondé des établissements à Bruges et dans presque toutes les villes du Nord avec lesquelles ils commerçaient. (Note de M. Vitet.)

(2) Histoire des anciennes villes de France. Recherches sur leurs origines, sur leurs monuments, sur le rôle qu'elles ont joué dans les annales de nos provinces, par M. L. Vitet, inspecteur général des monuments historiques de France. 1re série. Haute Normandie. Dieppe. *Paris, Alexandre Mesmer,* 1833, 2 vol. in-8o, t. II, p. 263.

qu'une colonie d'émigrants de Spolète, si nous ne prenons pas en trop grande considération la remarque de M. Vitet sur la prononciation vénitienne et poletaise : l'observation de ce savant pouvant peut-être tout aussi bien s'appliquer à d'autres contrées de l'Italie.

La ville de Rouen, au XIIe siècle, tirait de la Gascogne, de la Castille et de Gênes, tout ce qui lui était nécessaire pour la teinture.

Un historien du XIVe siècle, Villani, en parlant de la simplicité des dames de Florence, dit que vers 1260, et longtemps auparavant, elles étaient habillées de grosse écarlate de Caen, « ce qui ne peut s'entendre, dit l'abbé de La Rue, dans ses *Nouveaux Essais historiques sur la ville de Caen et son arrondissement* (1), que de nos étoffes de laine, qui, teintes en rouge, sont encore d'un usage très-commun dans nos campagnes. » Il est un fait certain, c'est que dès le XIIe siècle, on cultivait la garance dans nos pays, et surtout dans les terres avoisinant la mer. Le commerce de cette teinture et celui du vouède prirent une grande importance et firent longtemps la richesse du pays.

La comtesse Bonne de Bourbon, veuve d'Amédée VI, de Savoie, acheta en 1383, lors de la mort de son mari, « du noir de Saint-Lô, pour recouvrir les bancs (de son château); du noir de Bernay

(1) T. II, p. 296-348.

pour les selles et les harnais de ses chevaux... » (1)

A cette époque, nos fabriques expédiaient leurs draps à Florence, qui les couvrait de dessins imprimés, et qui les expédiait ensuite dans l'Orient (2). La belle draperie d'écarlate et draps de soie, les bonnets de laine étaient faits à Rouen. Nous envoyions aussi sur les bords de la Méditerranée, des blés, des chairs salées, du poisson salé, vert et sec, du sel, des grains, des fers, des bois de construction et de chauffage, du charbon de bois, du foin, du cidre, etc.

Bien antérieurement au XIVe siècle, Venise nous envoyait à Dieppe des quantités considérables de sandal et ses draps de soie dorés. Les maroquins et les cuirs dorés qui tapissaient les châteaux cauchois et dont nous retrouvons encore de précieux fragments, venaient aussi de la reine de l'Adriatique (3).

La fréquence des relations et l'intérêt du commerce amenèrent les contractants à se faire des concessions, et l'ordonnance (4) du mois de janvier $\frac{1351}{1352}$ qui permet aux Vénitiens de circuler avec leurs marchandises dans toute la France, est un fait significatif dans les annales commerciales des deux pays.

En fait d'importations, Florence, Gênes et d'autres villes nous envoyaient « soye, veloux, satin, damas, taffetas, bombazins, grosgrains, estamettes,

(1) Cibrario, *Economie politique*, t. II. p. 156.
(2) Pardessus, *Lois marit.*, t. III, introd., p. 16, 18, 62, 77.
(3) Pardessus, *Lois marit.*, t. III, intr., p. 65 et 120.
(4) Ordonnances, t. IV, p. 110.

fustaines, passements, tapis de Turquie et de
Perse, toilettes, peaux de chèvres, foureures à
faire manteaux, de belles armes, fil d'or et d'argent, vaisselle et verre de christal, glaces de Venize, marbre, jaspe, porphire, ris, souffre, cotton
et alun, noix de galles, safren, espiceries, drogues
médicinales, muscadelle, excellents vins de Grèce et
de Candie, Chorinthe, graine d'escarlatte, perles,
pierreries, et autres richesses de l'Orient. » Il résulte en général de ce que nous venons de dire que
l'Italie était le principal entrepôt des pays du Nord
et de ceux de l'Orient. La route maritime est maintenant par le cap de Bonne-Espérance ; le percement
de l'isthme de Suez rendra au commerce italien
d'immenses services, et l'ancienne prospérité des
villes de ce berceau de la civilisation reflorira de
nouveau. Aussi les Italiens doivent-ils désirer plus
que toute autre nation la réussite de ce travail gigantesque entrepris par un français courageux.

Au XIVᵉ siècle, « le temps de la navigation durait
du mois d'avril au mois de septembre (1); ce temps
était plus court que chez les Romains, qui, d'après
Végèce, ne naviguaient que depuis le 11 novembre
jusqu'au 10 mars (2). Les navires de commerce

(1) Barberino. *Documenti d'Amore*. (Note de l'auteur.)
(2) M. Jal, à moins qu'il n'ait mal compris ce passage de Végèce,
ce qui n'est pas probable, a commis une erreur matérielle, en disant
que les marins du XIIIᵉ siècle naviguaient cent soixante-dix jours de
plus que ceux du XIVᵉ siècle, II, 263. (Note de l'auteur.)

mettaient alors beaucoup plus de temps dans leurs voyages, non pas qu'ils n'osassent s'aventurer en pleine mer, mais parce qu'ils faisaient échelle en beaucoup d'endroits. Les navires qui partaient de Venise pour la Flandre mettaient dix-huit mois et quelquefois deux ans pour faire ce voyage, mais ils s'arrêtaient à tous les points principaux de l'Adriatique, de la mer de Tyr, des côtés de Provence et d'Espagne (1, 2). »

Les importations et exportations changèrent peu de nature de produits dans les temps postérieurs.

Cet *Essai* s'arrête à notre siècle, car nous n'avons voulu esquisser que les rapports italiens avec la province de Normandie proprement dite, qui ne se distingue plus aujourd'hui de la France, par l'effet de la première Révolution qui a centralisé les intérêts politiques, moraux et matériels des provinces

---

(1) Peritzol, petit traité des chemins du monde. (Rabbin d'Avignon au xve siècle.)

(2) Economie politique du moyen-âge par M. le chev. Louis Cibrario, traduit de l'italien sur la 4e édition par M. Barneaud, avocat, et précédée d'une introduction par M. Wolowski, membre de l'Institut. *Paris, Guillaumin et Cie*, 1859, 2 vol. in-8o, t. I, p. 210. — M. le comte Louis Cibrario, à qui nous avons l'honneur de dédier notre livre, est auteur des ouvrages suivants :-

Notice sur l'histoire des princes de Savoie (Notizie sulla istoria dei principi di Savoia, Turin, 1825); — *Notice sur Paolo Simone de Belli* (1826); delle Storie di Chieci libri IV (1827, 2 vol.); *De l'Economie politique au moyen-âge* (della Economia politica del medio evo, Turin, 1839 ; 3e édit. 1842, 3 vol., traduite en 1843 en français); *Histoire de la Monarchie de Savoie* (1840) ; *l'Artillerie de 1300 à 1700* (Turin, 1844); *Histoire de Turin* (2 vol. 1847); etc., etc., etc.

dont se compose le territoire de l'empire français.

Nous ne voulons pas ajouter des analectes à notre *Essai* sans faire ressortir une particularité glorieuse pour notre pays et intéressant au plus haut point son histoire commerciale ; pour ne point déflorer le récit de ce document précieux, nous l'extrayons, sans en changer une virgule, d'un ouvrage dont l'autorité historique ne saurait être contestée (1) : « Le roy Charles VIII, ayant passé en Italie (1494) avec une forte armée pour l'exécution de ses desseins, il n'y peut iamais trouuer d'argent à prester, quoyqu'il y offrit d'y faire obliger avec Sa Maiesté des plus grands princes et seigneurs de son royaume, et officiers de sa couronne. Mais les Vénitiens luy ayant seulement demandé vne lettre de change de Jacques le Peltier, de Rouen, Marchand, traficquant par mer, ils lui baillerent tout ce qu'il leur demanda sur icelle, au moyen de quoy il passa outre, prist Rome, y rendit Iustice, et conquit l'Italie en six mois. »

(1) Discovrs sommaire de la Navigation et du Commerce, jvgements et pratiqve d'icevx par Thomas Le Fèvre, escvyer, sievr du Grand-Hamel, lieutenant en l'amirauté de France, au siége général de la table de marbre du Pallais, à Rouen ; *Rouen*, Julien Covrant, 1650, in-4o, p. 263.

ANALECTES.

Robert III, dit Courte-Heuse, ou Courte-Cuisse, huitième duc de Normandie, revenant de la Palestine par l'Italie, épousa Sibylle, fille de Geoffroy, comte de Conversano.

Guitmond ou Witmond, connu aussi de son temps sous le nom de Christien ou de Christin, fut nommé évêque d'Averse en 1088 par le pape Urbain II, qui avait apprécié le mérite de ce célèbre théologien normand.

Le célèbre évêque d'Evreux, Raoul de Grosparmi, fut élevé en 1261, par le pape Urbain IV, à la dignité de cardinal, avec le titre d'évêque d'Albano. Beaucoup de nos évêques de naissance normande allèrent en Italie, et plusieurs y possédèrent des siéges épiscopaux.

Geoffroy de Beaumont, natif de Bayeux, fut emmené en 1265 en Italie par le frère du roi de France, Charles d'Anjou, qui venait de recevoir du pape Clément IV l'investiture du royaume de Sicile, et qui le créa son chancelier. De Beaumont, qui avait acquis l'estime et l'affection de tous, même des Siciliens, fut envoyé par le pape en Lombardie avec le titre de légat, pour apaiser les troubles qui agitaient le pays. Ayant pleinement réussi dans cette mission, il continua ses bons offices auprès du roi de Sicile jusqu'à sa nomination au siége épiscopal de Laon, qu'on lui donna en récompense de ses services.

Jean Bouquetot, abbé de Saint-Wandrille, puis évêque de Bayeux, fut référendaire auprès du pape Martin V, jusqu'à sa mort arrivée à Rome en 1419.

Le célèbre imprimeur Pierre Maufer, natif de Rouen, porta ses presses à Padoue vers 1474, à Vérone en 1480, et à Modène en 1491.

Un de nos plus anciens imprimeurs normands parcourut l'Italie et fit de 1496 à 1523 des impressions qui sont fort admirées de nos amateurs. Il séjourna longtemps à Milan et à Salme. C'était Guillaume Signerre ou Le Lignerre, natif de Rouen.

Jean Jouvenet, l'un des plus illustres peintres de l'école française, descendait d'une famille de peintres-sculpteurs, dont le chef Giovinetto, originaire d'Italie, était venu s'établir à Rouen vers 1550.

Claude d'Annebaut, issu d'une illustre et ancienne famille de Normandie, né au château d'Annebaut, près du Pont-Audemer, qui fut successivement colonel de cavalerie légère, maréchal de France, amiral et plusieurs fois ambassadeur, fut nommé gouverneur de Piémont par François Ier, roi de France. Il mourut au château de la Fère en 1552.

Guy d'Harcourt, marquis de Beuvron, natif de Caen, obligé de quitter la France à la suite de son célèbre duel avec le comte de Bouteville, passa en Italie, où en 1627 le duc de Mantoue, qui était en guerre avec l'Espagne lui proposa le commandement de son armée qu'il accepta ; alors notre brave gentilhomme normand battit en plusieurs rencontres les Espagnols qui venaient de mettre le siége devant la ville de Casal, et il donnait chaque jour de nouvelles preuves de son courage et de ses talents militaires lorsqu'en se signalant dans une vive escarmouche, il fut atteint à la gorge d'un coup de pistolet dont il mourut au bout de trois jours en 1628.

Nicolas Bretel, sieur de Grémonville, rouennais de naissance, successivement intendant de justice en Piémont, ambassadeur à Venise en 1639, fut chargé d'une mission importante près du Saint-Siége, puis mourut en 1648. (Voir pour des détails sur sa vie et son ambassade une notice biographique par M. A. Chéruel, insérée dans le *Précis des travaux de l'Académie de Rouen,* année 1847.)

Jean-Marie Scribonius, savant théologien et l'un des plus grands prédicateurs du commencement du

XVII° siècle, parcourut l'Europe et résida longtemps en Piémont, où devenu directeur de la princesse Carignan, il établit une province de l'ordre des Récollets. Il mourut en 1641.

Le Dieppois Antoine-Augustin Bruzen, sieur de la Martinière, obtint par ses travaux les titres de conseiller du duc de Parme, et de secrétaire du roi des Deux-Siciles. Il mourut à La Haye en 1716.

Charles Bourdin, natif de Séez, moine bénédictin de la congrégation de Saint-Maur, voyagea en Italie et fit imprimer la relation de son voyage. Il mourut en 1726. (Voir l'*Histoire littéraire* de la Congrégation de Saint-Maur.)

Nicolas-Marie-Félix Bodard de Tezai, natif de Bayeux, fut en 1799 commissaire civil à Gênes, d'où il passa à Naples avec le double titre de consul général et de chargé d'affaires. Il mourut à Paris en 1823.

Le comte Jean-Léonor-François Le Marois, natif de Bricquebec (Manche), fut en 1806 gouverneur des Marches d'Ancône, de Fermo et d'Urbino, et en 1809 gouverneur de Rome.

Si nous ne présentons aujourd'hui qu'un simple *Essai historique* sur les relations de l'Italie et de la

Normandie, c'est que nous avons voulu par cette publication faire connaître à ceux qui s'occupent de semblables études notre désir de recueillir rapidement de nouveaux et plus nombreux documents pour une œuvre complète. Notre appel sera entendu de leur complaisance, nous l'espérons, comme par le passé.

Nous devons dire aussi que nos principales recherches ont trouvé leur objet dans quelques ouvrages auxquels l'honneur en doit revenir, tels que :

— Economie politique du moyen-âge par M. le chev. Louis Cibrario, sénateur, ancien ministre des affaires étrangères de S. M. Sarde, membre de l'Académie des Sciences de Turin, de l'Institut de France et de l'Académie Impériale des Sciences de Vienne, traduit de l'italien sur la 4ᵉ édition par M. Barneaud, avocat, et précédée d'une introduction par M. Wolowski, membre de l'Institut. *Paris, Guillaumin et Cⁱᵉ*, 1859, 2 vol. in-8°.

— Mémoire sur le commerce maritime de Rouen, depuis les temps les plus reculés jusqu'à la fin du XVIᵉ siècle, par Ch.-Ern. de Fréville. Ouvrage couronné et publié par l'Acad. Imp. des Sc., B.-Lettres et Arts de Rouen ; *Rouen, Le Brument*, et *Paris, Aug. Durand*, 1857, 2 v. in-8°.

— Manuel du Bibliographe normand ou Dictionnaire bibliographique et historique, etc., par Edouard Frère. *Rouen, A. Le Brument*, 1858, 2 vol. in-8°.

— Biographie normande, recueil de notices bibliographiques sur les personnages célèbres nés en Normandie et sur ceux qui se sont seulement distingués par leurs actions ou par leurs écrits, par Théodore Lebreton ; *Rouen, A. Le Brument*, 1857-59, 3 vol. in-8°.

Si cet *Essai* est de quelqu'utilité ou a quelque mérite, il le doit aux conseils précieux dont nous remercions ici un publiciste bien connu, M. le comte Ch. de la Varenne, tout dévoué aux intérêts d'un grand peuple, qui rompt enfin les chaînes d'un esclavage politique et moral.

BIBLIOTHÈQUE

DES OUVRAGES RELATIFS AUX RELATIONS

ENTRE

L'ITALIE ET LA NORMANDIE.

AIMÉ (le moine). L'Ystoire de li Normant, et la Chronique de Robert Viscart, par Aimé, moine du Mont-Cassin ; publiées pour la première fois, d'après un manuscrit françois inédit du XIIIᵉ siècle, appartenant à la Bibliothèque Royale, pour la Société de l'Histoire de France, par Champollion-Figeac ; *Paris, J. Renouard,* 1835, in-8° de CVII et 370 p.

L'*Ystoire* relate les établissements normands en Italie et en Sicile ; elle fut rédigée de 1078 à 1086 par Aimé, originaire de Salerne et moine du Mont-Cassin. Entr'autres particularités omises par les autres chroniqueurs, Aimé ou Amat signale vers cette époque une émigration de trois mille Normands et plus dont il ne resta que cinq cents dans une bataille livrée par eux à Melfe, dans la Pouille, contre les Grecs qui n'en furent pas moins vaincus.

ALEXANDRE de Saint-Sauveur-Celesine. Rogerii, Siciliæ ducis, rerum gestarum, quibus Siciliæ regnum in Campania, Calabris, Brutiis et Apulia usque ad ecclesiasticæ ditionis fines constituit, libri quatuor, auctore Alexandro, cænobii sancti Salvatoris Celesinæ abbatis, qui è exhortatione Mathildis, ejusdem Rogerii sororis, historiam scripsit.

Cette histoire se trouve au t. v du recueil des *Historiens d'Italie,* par Muratori ; au t. x du *Thesaurus Italiæ* de Grœvius, et dans le recueil des *Historiens de Sicile* de Carusius. Alexandre dit Célésinus ou Télésinus, abbé de Saint-Sauveur de Ceglio dans le royaume de Naples, vivait vers 1160. Son œuvre, qui parcourt de 1130 à 1152, a été publiée premièrement par Dominique de Portonari à Saragosse en 1578.

ARÉTIN (LÉONARD). Libellus, seu epistola de duobus amantibus Guiscardo et Sigismunda filia Tancredi principis Salernati ex Boccatio. — Le traite des deux amans. C'est assavoir Guiscard et la belle Sigismonde; (au dern. ft. recto en 4 lign.) : *Cy finist le traicte des deux loyaulx amas Imprimé à Rouen par J. Leforestier, Richart Goupil et Nicolas Mulot, pour Thoas laisné, lib. demourant audit lieu,* pet. in-4° goth. de 18 ff., à longues lig., en stances de 8 vers de 10 syll., sans texte latin.

Réimp. en caract. rom. tirée à 67 exempl.; *Aix, Imp. de Pontier,* 1834, in-8° de 19 ff.

BACCO (ARRICCIO). Effigie di tutti i re, che han dominato il reame di Napoli, da Ruggiero I. Normanno, in fino a noi, cavate da divers, pitture, marmi, etc., con brevi notizie delle vite di essi, di Arriccio Bacco ; *Napoli,* 1602, in-f.

BARTHELEMY-HADOT (Mme). Arabelle et Mathilde, ou les Normands en Italie ; *Paris, Pigoreau,* 1819, 4 vol. in-12.

BAZANCOURT (le baron de). Histoire de la Sicile sous la domination des Normands depuis la conquête de l'île jusqu'à l'établissement de la monarchie; *Paris, Amyot,* 1846, 2 vol. in-8°.

BEAUREPAIRE (le comte ALEX. de). Le Tasse et les Normands; *Revue de Rouen*, 1834, 2ᵉ semestre, p. 196-203.

BLANCHE (ALFRED). — Hasting à Luna. Chronique Normande; *Revue de Rouen*, 1834, 1ᵉʳ semestre, p. 162-167.

BUFFIER (le père). Histoire de l'origine du royaume de Sicile et de Naples, contenant les aventures et les conquestes des princes normands qui l'ont établi; *Paris, Anisson*, 1701, 2 part. en 1 vol. in-12.

Cet ouvrage a été traduit en italien par le P. François de Rosa; *Naples*, 1707, in-12.

Claude Buffier, jésuite originaire de Rouen, naquit en Pologne en 1661, mort à Paris en 1737.

CAPECELATRO (FRANC.). Historia della Citta e regno di Napoli, detto di Sicilia dache pervenne sotto il dominio de i Rè : parte prima, da Rogiero I. Sin alla morte di Costanza Imperatrice, ultima del legnaggio de Normanni (nell'anno 1198); *Milano, Beltrano*, 1640, in-4°.

CHASTENAY (Mᵐᵉ LOUISE-MARIE-VICTORINE de). Les Chevaliers Normands en Italie et en Sicile; et considérations générales sur l'histoire de la chevalerie et particulièrement sur celle de la chevalerie en France, par Mme V. de C........; *Paris, Maradan,* 1816, in-8° de 305 p.

Née à Paris en 1771, Mme de Chastenay-Lanty est décédée en 1855.

CHERIÉR (C. de). Robert Guiscard, né vers 1022, mort en 1085 ; *Plutarque franç.; Paris, Langlois et Leclercq,* 1844, gr. in-8°, t. 1er, p. 97-112, avec un portr.

CHÉRUEL (ADOLPHE). Les Normands d'Italie à la première Croisade ; *Revue de Rouen,* 1839, 1er sem., p. 57-69, 113-124, 169-181.

CHÉRUEL (ADOLPHE). Fragment d'une histoire de la conquête d'Italie méridionale par les Normands ; *Revue de Rouen,* 1839, 2e sem., p. 77-87.

Chéruel, docteur ès-lettres, inspecteur de l'Académie de Paris, naquit à Rouen en 1809.

COMTE (Le) Roger, souverain de Calabre, nouvelle historique ; *Paris,* in-12.

DU CANGE. Histoire des familles d'outre-mer et de l'histoire des familles normandes qui ont pris part à la conquête d'Italie ; publiée d'après le ms. inédit de Du Cange (Biblioth. Impér.), par MM. De Mas Latrie et Taranne.

Ms. inédit annoncé dans la *Bibliothèque de l'Ecole des Chartes,* n⁰ de janvier-février 1850, comme étant sous presse.

DU CHESNE (ANDRÉ). Historiæ Normannorvm scriptores antiqvi, res ab illis per Galliam, Angliam, Apvliam, Capvæ principatvm, Siciliam, et Orientem gestas explicantes, ab anno Christi DCCCXXXVIII, ad annum MCCXX. insertæ svnt monasteriorvm fvndationes variæ, series Episcoporum ac abbatum : genealogiæ Regum, Ducum, comitum et nobilium : plvrima denigve alia vetera, tam ad profanam quàm ad sacram illorum temporum historiam pertinentia. Ex mss. Codd. Omnia ferè nvnc primvm edidit Andreas Dv Chesnivs Tvronensis ; *Lvtetiæ Parisiorvm,* 1619, in-f. de 1104., plus la table des matières et 8 ff. prélim.

Nous avons cité le titre de cet ouvrage comme renseignement, parce que cet ouvrage devrait être composé de trois volumes; malheureusement pour nous, un seul a été publié et il n'est précieux que pour ceux qui veulent étudier l'Histoire de Normandie et l'Histoire d'Angleterre sous la dynastie normande.

DU MOULIN (GABRIEL). Histoire générale de Normandie. Contenant les choses mémorables aduenues depuis les dernières courses des Normands payens, tant en France qu'aux autres pays, de ceux qui s'emparèrent du pays de Neustrie sous Charles-le-Simple. Avec l'histoire de leurs ducs, leur généalogie et leurs conquestes, tant en France, en Italie, en Angleterre, qu'en Orient, jusqu'à la réunion de la Normandie à la couronne de France; *Rouen, Jean Osmont*, 1631, in-f°.

— Les conqvestes et les trophées des Norman-Francois, aux royaumes de Naples et de Sicile, aux duchez de Calabre, d'Antioche, de Galilée, et autres principautez d'Italie et d'Orient; *Roven, David dv Petit Val; Jean et David Berthelin*, 1658, in-f. de 492 p., plus 3 ff. prélim. et 5 ff. non numér. à la fin du vol. (Imp. par David Maurry.)

Du Moulin (Gabriel), curé de Menneval, né à Bernay en 1573, est mort en 1660. L'ouvrage précité commence à l'année 1003 et finit en 1112.

EBOLI (PIERRE d'). Petri d'Ebulo carmen de motibus Siculis, et rebus inter Henricum VI. romanorum imperatorem, et Tancredum seculo XII. gestis. nunc primùm è Msc. Codice Bibliothecæ publicæ Bernensis erutum, notisque cùm criticis tùm historicis illustratum, cum figuris edidit Samuel Engel; *Basileæ, typis Eman. Turnisii*, 1746, in-4° de 159 p., plus la table, 6 ff. prélim. et 8 p.

Pierre d'Eboli, poète latin et chroniqueur sicilien de la fin du XIIe siècle, est également auteur d'un poème intitulé : De Balneis

Puteolanis (Bains de Pouzzoles) qu'il a composé entre les années **1212** et **1221**, et qui a été traduit en vers français au xive siècle par un médecin normand, Richard Eudes.

FALCAND (Hugues). Historia de rebus gestis in Siciliæ regno, ab anno 1085, ad annum 1169 ; auctore Hugone Falcando, Siculo ; cum Gervasii Tornacensis præfatione, studio et beneficio Matthæi Longogæi Suéssionum Pontificis ; *Parisiis, Dupuis,* 1550, in-4°.

Cette chronique, insérée dans plusieurs recueils, a été traduite en Italien par Antonio Filoteo de Homodeis, in-4°.

Falcand, mort vers 1200, naquit en Normandie. Dès sa jeunesse, il avait été amené en Sicile où il passa la plus grande partie de sa vie.

FERRO (Marcel). Della natura e qualita de primi Normanni, che se fissarono nel regno nel xi seculo, e dell indispendenza di Ruggiero Bosso primo conte di Calabria e di Sicilia, dissertazione di Marcello Ferro ; *Napoli,* 1765, in-4°.

GAUTTIER D'ARC (Ed.). Histoire des Conquêtes des Normands en Italie, en Sicile et en Grèce, et de leur établissement en Italie et en Sicile ; *Paris, L. de Bure,* 1830, in-8° avec atlas in-4° composé de 10 pl. : cartes et grav.

Gauttier d'Arc, orientaliste, historien et consul général en Egypte, né à Saint-Malo le 17 mars 1799, est mort en 1843, en rade de Barcelonne, à bord du vapeur anglais la *Médée*.

GEOFFROI MALATERRA. Roberti Viscardi Calabriæ ducis, et Rogerii eius fratris Calabriæ, et Siciliæ ducis principum Normannorum, et eorum fratrum rerum in Campania, Apulia, Bruttijs, Calabris, et in Sicilia gestarum libri IV. Auctore Gavfredo Malaterra Rogerij ipsius hortatu ; — Rogerii Siciliæ regis rerum gestarum quibus Siciliæ regnum in Campania, Calabris, Brutijs et Apulia vsque ad ecclesiasticæ editionis fines constituit ; libri IV, auctore Alexandro ; — Genealogia Rob. Viscardi, et eorum principum, qui Siciliæ regnum adepti sunt ; ex Ptolemaei *Lvcensis* chronicis decerpta ; *Cæsar-Augustæ* (Sarragosse), *ex officina dominici A. Portonariis de Vrsinis,* 1578, in-f°.

Geoffroy Malaterra, normand de naissance, fut moine du couvent de Sainte-Euphémie. L'ouvrage susmentionné finit aux premiers jours de juillet 1098. La meilleure édition est celle qui fait partie des *Historiens d'Italie,* par Muratori, t. v.

GIANNONE (PIERRE). Istoria civile del regno di Napoli, libri XL ; *Napoli,* 1723, 4 vol. in-4°. — Dito ; *Palmyra,* 1762, 4 vol. in-4°, portr.

— Histoire civile du royaume de Naples, traduite de l'italien de P. Giannone ; *La Haye, P. Gosse et*

Isaac Beauregard, 1742, 4 vol. in-4°, avec portrait et médailles.

Cette traduction est attribuée, par le *Dictionnaire des Anonymes,* n° 7,310, à l'avocat Beddevolle, de Genève.

— Opere postume, in difesa della sua istoria civile del regno di Napoli, con la di lui professione di fede ; *Lausanna,* 1760, in-4°.

L'auteur naquit en 1676 dans la terre d'Ischitella, province de Capitanata, et mourut en prison, à Turin, le 7 mars 1758.

GUILLAUME DE LA POUILLE. Gvillielmi Apvliensis rervm in Italia ac regno neapolitano normanicarum. Libri qvinque ; *Rothomagi, apud Richardum Petit et Richardum L'Allemant,* 1582, in-4° de 56 ff. (en vers latins.)

Guillaume de la Pouille, ainsi nommé du nom de la province où il naquit, florissait vers la fin du XIe siècle. Il mourut vers 1101. Son poème, qui commence en 1017 et finit en 1035, a été édité pour la première fois en 1182, d'après un manuscrit de l'abbaye du Bec, par les soins de Jean Tirème de Hautenoë, avocat-général au Parlement de Rouen, et dédié à Louis de Bailleul, abbé de Lonlay. Il fut depuis réimprimé dans plusieurs recueils importants, notamment dans le Recueil des Historiens du duché de Brunswick, par Leibnitz ; *Hanovre,* 1707, in-fo, p. 578 et suivantes, et dans celui des Historiens de Sicile, par Carusius. N'oublions pas toutefois la meilleure édition qui se rencontre dans le t. v du grand Recueil des écrivains d'Italie de Muratori. (Scriptores rerum Italicarum.)

HUILLARD-BRÉHOLLES (ALPH.). Recherches sur les monuments et l'histoire des Normands, et de la

maison de Souabe dans l'Italie méridionale, publiés par les soins de M. le duc de Luynes, texte par A. Huillard-Bréholles, dessins par Victor Baltard, architecte ; *Paris, imp. de C. L. F. Panckoucke,* 1844, gr. in-f° jésus de 176 p. avec 35 pl.

Journal des Débats, 24 octobre 1844.

KNIGHT (HENRI GALLY). The Normans in Sicily : being a sequel to an architectural tour in Normandy : *London, J. Murray,* 1838, pt. in-8° de VII et 355 p. — *Traduction française :* Relation d'une excursion monumentale en Sicile et en Calabre ; précédée d'un essai historique sur la conquête de la Sicile par les Normands, traduit par M. A. Campion et publié par M. de Caumont ; *Caen, imp. de Hardel,* 1839, in-8°.

Extrait du *Bulletin monumental,* t. v (1839), p. 1-222.

— Saracenic and Norman remains to illustrate the Normans in Sicily ; *London, J. Murray* (1840), gr. in-f. avec 30 pl. dont plusieurs coloriées.

Recueil de planches représentant des monuments contemporains de la conquête des Normands en Italie.

KRANTZ (ALBERT). Chronica regnorum aquilonarium Daniæ, Suetiæ, Norvagiæ ; *Argentorati, apud J. Schottum,* 1546, in-f°.

Cette chronique, qui traite des courses des peuples appelés Normands, en France, en Angleterre et en Italie, s'étend depuis l'origine des royaumes scandinaves jusqu'en 1500; elle fut réimprimée pour la quatrième fois par Jean Wolf avec un supplément renfermant les ouvrages de Christian Cilicius et de Jacq. Ziegler; *Francoforti-admœn.*, *Wechel*, 1583, in-fol.

Nicéron, Mémoires, t. XXXVIII.

LUCE (BARTHOL.). Genealogia Roberti Viscardi, ducis Normannorum, et principum qui Siciliæ regnum adepti sunt :· ex Barthol. Lucensis Episcopi Torsellensis annalibus descripta; *Cæsar-Augusta*, 1578, in-f.

B. Luce était évêque de Tolède en 1348. La susdite généalogie a été réimprimée dans le t. III de la collection des Historiens d'Espagne, intitulée : *Hispania Illustrata*, etc.; Francofurti, 1613, in-fº.

NORMANDS (les) en Sicile au XIIᵉ siècle; *Revue de Rouen*, 1840, 2ᵉ semestre, p. 98-104, 123-135.

NORMANDS (les) en Sicile, ou Salerne délivrée, poème en 4 chants; *Paris, Delauney*, 1818, in-8° (par le comte Amedée de Pastoret).

PETIT DE BARONCOURT. De la politique des Normands pendant la conquête des Deux-Siciles; *Paris, Chamerot*, 1846, in-8° de 123 p.

PONTOPPIDAM (Erich). Gesta et Vestigia Danorum extra Daniam, præcipuè in Oriente, Italia, Hispania, Gallia, Anglia, etc.; *Lipsiæ*, 1740, 3 vol. in-4°.

ROMUALD. Romualdi, archiepiscopi Salernitani, chronica solemnis, quæ res præcipuas a Normannis in Apulia, Sicilia et Calabria gestas continet usque ad annum 1178; *Recueil des Historiens de Sicile, publié par Michel del Giudice, de Palerme,* et *Recueil publié par Muratori,* t. VII.

La chronique de Romuald, mort en 1180, traite des gestes de Roger et de Guillaume Ier, rois de Sicile.

SPATAFORA (Maria Reitani). Il Rogerio in Sicila, poëma heroico; *Ancona*, 1698, in-12.

Système financier du royaume de Naples sous la domination normande ; *Revue de Rouen*, 1837, 1er sem., p. 113-128.

TAFURI. Monete cufiche battute da principi Longobardi, Normanni et Svevi nel regno delle Due Sicilie, interpretate dal principe di S. Giorgio D. Spinelli, e publicate per cura di M. Tafuri ; *Napoli*, 1844, in-4°, fig.

Nous ajouterons à cette nomenclature les deux ouvrages suivants ; ils peuvent fournir quelques renseignements précieux. Nous ne les avons pas signalés à leur rang alphabétique parce qu'ils ne traitent pas spécialement l'objet de notre travail.

CAPEFIGUE (B.) Essai sur les invasions maritimes des Normands dans les Gaules ; suivi d'un aperçu des effets que les établissements des hommes du Nord ont eu sur la langue, la littérature, les mœurs, les institutions nationales, et le système politique de l'Europe ; *Paris, Fanjat ainé,* 1823, in-8° de xv et 443 p. (*Imp. Royale.*)

DEPPING (G.-B.). Histoire des Expéditions maritimes des Normands et de leur établissement en France au x⁰ siècle, ouvrage couronné en 1822 par l'Académie des Inscriptions et Belles-Lettres ; *Paris, Ponthieu,* 1826, 2 vol. in-8°. — Dito, nouvelle édition, entièrement refondue ; *Paris, Didier,* 1843, in-8° de xv et 551 p. — Dito ; *Paris, Didier,* 1844, in-12 de xv et 459 p.

BIBLIOTHÈQUE

DES OUVRAGES RELATIFS A L'ITALIE

COMPOSÉS

PAR

DES AUTEURS NORMANDS.

ABRAHAM-DUBOIS (ABRAHAM-DUBOIS, plus connu sous le nom D'). Lettres d'Italie, 1844.

Ce magistrat français, ancien député, naquit à Granville (Manche) en 1792.

AROUX (EUGÈNE). Histoire universelle, de M. Cantu. Traduit avec la collaboration de M. Léopardi. 1843-1850, 20 vol. in-8°.

Aroux, ancien député, né à Rouen, est auteur de plusieurs traductions de l'italien.

BACHELET (JEAN-LOUIS-THÉODORE). Les Français en Italie, au XVIᵉ siècle. *Rouen, Mégard*, in-8°, fig.

Bachelet, né à Pissy-Pôville (Seine-Inférieure) en 1820, est aujourd'hui professeur d'histoire à l'Ecole Supérieure des Sciences et des Lettres de Rouen.

BARBET DE JOUY (HENRY). Les mosaïques chrétiennes des basiliques et des églises de Rome ; *Paris, Didron,* 1857, in-8°.

Barbet de Jouy, né à Rouen, est conservateur-adjoint des Antiques et de la Sculpture moderne au Musée Impérial du Louvre.

BAUDRY. La vie de S. Valentin, évêque de Terny en Italie et martir, un des patrons de l'abbaye de

Jumièges. Sa naissance, son engagement dans les ordres sacrez, ses vertus, etc.; recueillis au XIIᵉ siècle par Baudry (Baldericus), évêque de Dôle en Bretagne, et publiés par D. F. T., religieux de Jumièges; *Rouen, Jean Du Mesnil,* 1696, in-12 de 54 p. et 4 ff. prélim.

BAYARD (FERDINAND-MARIE). Voyage de Terracine à Naples; *Paris, Levrault frères,* 1802, in-12.

Bayard, capitaine d'artillerie, né à Moulins-la-Marche (Orne) en 1793.

BRIERRE DE BOISMONT (ALEXANDRE-JACQUES-FRANÇOIS). Traité de la pellagre et de la folie pellagreuse en Italie. (2ᵉ édition, 1839.)

— Sur les Etablissements d'aliénés en Italie. (1832.)

Brierre de Boismont, médecin, naquit à Rouen en 1797.

CASTEL-PÉRARD (FRANÇOIS). Paraphrase du commentaire de Charles Du Moulin sur les règles de la Chancellerie romaine, etc., *Paris,* 1685, in-fº.

— Traité de l'usage et pratique de la cour de Rome, pour l'expédition des signatures et provisions des bénéfices de France, 1717, 2 vol. in-fº.

Castel Pérard, né à Vire en 1667, était avocat au Grand-Conseil et banquier-expéditionnaire en cour de Rome.

CHORON (Alex.-Etienne). Principes de composition des écoles d'Italie (par Sala), ouvrage classique, formé de la réunion des modèles les plus parfaits en tout genre, enrichi d'un texte méthodique, etc.; *Paris, Aug. Leduc,* 1819, 3 vol. gr. in-4°, avec planches.

Choron, compositeur, directeur de l'Ecole spéciale de musique classique, naquit à Caen en 1771, et mourut à Paris en 1834.

Voyez Mémoires de l'Acad. de Caen. 1847.

CHRÉTIEN. Le Ravissement de Céfale, pièce traduite de l'italien en français. Elle avait été représentée à Florence le 9 octobre 1600, à l'occasion du mariage de Marie de Médicis avec Henri IV. Cette pièce fut imprimée à Rouen, en 1608, in-12, avec un cantique du même auteur, présenté au Dauphin le jour de son baptême.

Nicolas Chrétien, sieur Des Croix, naquit à Argentan, à la fin du xvie siècle.

COMPENDIO della vita di Fratre Arsenio di Gianson, monacho Cisterciense della Trappa, chiamato nel Secolo il comte de Rosemberg; scritta dal abbate e monaci dell'Abbadia di Buon-Solazzo; *In Firenze,* 1711, in-12.

Le frère Arsène de Gianson est mort en 1710. — Cet ouvrage, dont l'auteur est D. Alexis d'Avia, moine italien de la Trappe, a été traduit en français par Antoine Lancelot; *Paris,* 1711, in-12, et par Jean Drouet de Maupertuis; *Avignon,* 1711, in-12.

CORONELLI (P.) Ducato di Normandia, dedicato
S. Pietro Dona, etc., dal P. Coronelli ; 1 f. (Bibl.
Imp., dépôt de cartes.)

Le Père Coronelli édita une carte de Normandie à Venise en 1687,
in-f°.

DU BUAT DE NANÇAY. Origines de l'ancien gouvernement de la France, de l'Allemagne et de l'Italie,
1757, 4 vol. in-12, et 1789, 3 v. in-8°.

Le comte Louis-Gabriel Du Buat de Nançay naquit en 1732 aux
environs de Livarot (Calvados), et mourut à Nançay, en Berry, en 1787.
V. Quérard, France littéraire, t. ii, p. 613.

DU JARDIN (Pierre, sieur de La Garde). La mort
de Henry le Grand, descouuerte à Naples, en l'année
1608, par Pierre du Jardin, sieur et capitaine de la
Garde, natif de Rouen, prouince de Normandie ; de-
tenu ès prisons de la Conciergerie du Palais, à Paris.
Paris, 1619, in-8° de 16 p. — Dito ; s. d. in-12
de 26 p. Edition plus moderne.

Du Jardin resta longtemps à Venise, à Rome et à Naples, où il
affirme dans son ouvrage avoir été présent à une réunion d'anciens
ligueurs français et espagnols, réunion où se trouvait Ravaillac lui-
même, et où le projet d'assassiner Henri IV avait été mis en délibé-
ration et définitivement arrêté. (Voyez le *Journal de Henri IV*, par
Pierre de l'Estoile.)

DUPRÉ, gentilhomme normand, a traduit de l'italien en français : *La semaine ou Sept journées du*

comte Hannibal-Romei ; Paris, Nicolas Boufons, 1595, petit in-8°.

ELIE DE BEAUMONT (Jean-Baptiste-Armand-Louis-Léonce).

Sur l'origine et la structure du mont Étna (*Comptes rendus* de l'Académie des Sciences, 1835); — Sur la formation du cône du Vésuve (ibid., 1837)

Elie de Beaumont, géologue, secrétaire perpétuel de l'Académie des Sciences, sénateur, naquit en 1798 à Canon (Calvados).

FERMANEL (Gilles).

Le Voyage d'Italie et dv Levant de MM. Fermanel, conseiller au Parlement de Normandie, Favvel, maistre des comptes de ladite province, sieur d'Oudeauville, Bavdovin de Lavnay, et de Stochove, sieur de Ste Catherine, gentilhôme flamen. Contenant la description des royaumes, etc., *Roven, Jacq. Heravlt,* 1664, pet. in-12. (Imprimé par David Maurry.)

On doit joindre à cet ouvrage un volume d'*Observations* curieuses sur ledit voyage ; Rouen, Jean Viret, 1668, in-4° de 882 p., plus 2 ff. de fin et 4 ff. prélim. (Imp. de D. Maurry.)

Gilles Fermanel, conseiller au Parlement de Normandie et voyageur, né à Rouen, est mort en 1672. Ce fut lui qui fut le principal rédacteur du voyage précité.

GUYOT (Alexandre-Toussaint).

Histoire des reines Jeanne première et Jeanne seconde, reines de Naples et de Sicile ; *Paris, Barbin,* 1700, in-12 publié sous le voile de l'anonyme.

Guyot, maître en la cour des comptes de Rouen, naquit en cette ville et y mourut en 1734.

HAREL (Marie-Maximilien). Vie de Benoît-Joseph Labre, mort à Rome en odeur de sainteté, traduit de l'italien de Marconi, 1764, in-8°.

Harel, connu aussi sous le nom du P. Elie, né à Rouen en 1749, fut religieux de l'ordre de Saint-François, et mourut à Paris en 1823.

HAUSSEZ (Charles Le Mercier de Longpré, baron d'). Voyage d'un exilé de Londres à Naples et en Sicile, etc., *Paris,* 1835, 2 vol. in-8°.

Le baron d'Haussez, ministre de la marine en 1829, naquit à Neuf-châtel-en-Bray en 1778 et mourut à Saint-Saens, en Normandie, en 1854.

Voyez Essai sur le canton de Forges-les-Eaux, par Decorde, 1856. Annuaire normand, 1855, p. 563.

HÉRAN (F.-C.-N. d'). Du duché de Savoie, ou état de ce pays en 1833 accompagné de l'origine du peuple savoisien, etc. *Paris, Delaunay,* 1833, in-8°, avec une carte.

D'Héran naquit à Rouen.
Voyez Littérature française contemp., t. IV.

ISABELLE (Charles-Edouard). Parallèle des

salles rondes de l'Italie antiques et modernes, considérées sous le rapport de leur destination, disposition, construction et décoration; 1831, in-folio avec planches.

Isabelle, architecte, naquit au Havre en 1800.

JAMES (Constantin). Voyage scientifique à Naples; 1844, grand in-8°.

James, médecin, naquit à Bayeux en 1813.

LA RENAUDIÈRE (Philippe-François Lasnon de). Dissertatio de Alpibus ab Hannibale superatis; *Parisiis, F. Didot,* 1823, in-8° de 40 pages, extraites du t. IV de Tite-Live, édition Lemaire.

La Renaudière, né à Vire en 1781, mourut en 1845 à Paris.

LA VALLÉE (Joseph). Poème sur les tableaux d'Italie. *Paris,* 1809, 2 vol. in-8°, fig.

— Histoire des Inquisitions religieuses d'Italie, d'Espagne et de Portugal, *Paris,* 1809, 2 vol. in-8°, fig.

La Vallée, dont le nom patronymique était de Bois-Robert, chef de division à la Grande Chancellerie de la Légion-d'Honneur en 1813, naquit près de Dieppe en 1747, et mourut à Londres le 28 février 1816.

Voyez Quérard. France littéraire, t. IV.

LE BLOND (Gaspard Michel, surnommé). Dissertation sur les noms et les attributs de Jupiter chez les différents peuples de l'Italie, etc. *Paris*, 1780-85, 2 vol. in-f°.

Le Blond, né à Caen en 1738, membre de l'Académie des Inscriptions, mourut en 1809.

LE CERF DE LA VIÉVILLE ou VIEUVILLE DE FRENEUSE (Jean-Laurent). Comparaison de la musique italienne et de la musique françoise; *Bruxelles*, 1704 et 1705, 3 parties, in-12.

Le Cerf, né à Rouen en 1674, fut garde des sceaux du Parlement de Normandie; il mourut en 1707.
Voyez Mercure. Avril 1726.

LEMONNIER (André-Hippolyte). Souvenirs d'Italie. *Paris,* 1832, in-8°.

Lemonnier, avocat à Paris, naquit à Rouen.

LEROY (Louis). Voyage en Italie. Ms.

Leroy naquit à Neufchâtel (Seine-Inférieure) en 1727; il fut lieutenant-général du bailliage du Palais, puis membre du conseil du duc de Penthièvre; il mourut en 1811, en laissant manuscrit la relation du voyage précité.

LE TAROUILLY (Paul-Marie). Les édifices de Rome moderne, dessinés, mesurés et décrits; *Paris,*

Bance, 1840-1855, 3 vol. gr. in-f°, renfermant 355 pl. et 1 vol. de texte in-4°.

Le Tarouilly est né à Coutances le 8 octobre 1795, et mort en 1855 à Paris.

LETTRES nouvelles de Milan enuoyees au roy nostre sire de par monseign̄vr de la Trimoulle touchant la prise de Ludovic. Auec lamende honorable faicte par les Milannoys au roy nostredit seigneur a la personne de monseigneur le cardinal damboise lieutenant general du roy nostreseigneur au pays de Milannoys; s. l. n. d. (vers 1500), pt. in-4° goth. de 6 ff. non chiffrés. (Biblioth. Imp.)

LICQUET (FRANÇOIS-THÉODORE). Histoire d'Italie, de 1789 à 1814, par Botta. Traduction. *Paris, Dufart,* 1813, 5 vol. in-8°.

Licquet, poète et historien, naquit à Caudebec-en-Caux le 19 juin 1787, et mourut en 1832, à Rouen, étant conservateur de la bibliothèque publique de cette ville depuis 1819.

MARBEUF (PIERRE de). OEuvres poétiques, composées sur l'heureux mariage de leurs altesses de Savoye; *Rouen,* 1619, in-8°.

Pierre de Marbeuf, sieur de Sahurs et d'Imare, poète, est né aux environs de Rouen en 1596 et mourut vers 1640.

MAROT (JEAN). Jan Marot de Caen sur les deux heureux voyages de Genes et Venise, victorieusement mys a fin par le tres chrestien roi Loys douziesme de ce nom, etc. *Paris, P. Rouffet, dict le Faulcheur,* 1532, in-8° de 101 ff.

Jean Marot, poète, secrétaire de la reine Anne de Bretagne, et ensuite valet de chambre de François Ier, est né en 1463 à Caen ; il mourut en 1523.

MONCEL (le vicomte THÉODOSE du). De Venise à Constantinople, à travers la Grèce et retour par Malte, Messine, Pizzo et Naples ; *Paris, Rapilly,* 1848, in-f° avec 51 pl.

Le vicomte Théodose-Achille-Louis du Moncel, savant français, est issu d'une des plus anciennes familles de Normandie.

MUTEL DE BOUCHEVILLE (JACQ.-FRANÇOIS). Conquête de la Sicile par les Normands ; *Bernay,* 1807, in-8° (pièce de vers).

Mutel de Boucheville, poète, ancien conseiller à la Cour des Comptes de Rouen, membre de l'Académie de cette ville, né à Bernay en 1730, y est mort en 1814.

NÉEL. Epître au prince de Conti sur les conquêtes en Italie. *La Haye,* 1738, in-12.

Louis-Balthazar Néel, natif de Rouen, mourut en 1752.

NOUVELLES (les) du Roy, depuis son partement de son royaume de Naples envoyées à M. l'abbé de Sainct Ouen de Rouen ; s. l. n. d., in-4° goth. (pièce relative au règne de Charles VIII).

POSTEL (GUILLAUME). Les très merveilleuses victoires des femmes du Nouveau Monde, et comment elles doibvent à tout le monde commander, et même à ceulx qui auront la monarchie du monde vieil. A Madame Marguerite de France ; *Paris, Gueulard et Warencort,* 1553, in-16 de 81 ff., lett. rondes.

Guillaume Postel, d'une très-grande érudition, naquit en 1510, au hameau de la Dolerie, dans le diocèse d'Avranches, et mourut à Paris en 1581. Célèbre visionnaire, dans un séjour qu'il fit à Venise, il fut directeur spirituel d'une béate qu'il rendit célèbre par ses écrits, et l'un de ces ouvrages, que nous indiquons ci-dessus, est aussi connu sous le nom de la *Mère Jeanne.*

RAGUENET (l'abbé FRANÇOIS). Monuments de Rome, ou description des plus beaux ouvrages de peinture, de sculpture et d'architecture qui se voient à Rome et aux environs ; *Paris,* 1700, in-12.

— Parallèle des Italiens et des Français, en ce qui touche la musique et l'opéra ; *Paris,* 1702, in-12.

— Défense du Parallèle des Italiens et des Français, en ce qui touche la musique et les opéras ; *Paris,* 1702, in-12.

Raguenet, littérateur et historien, naquit à Rouen vers 1660, et mourut en 1722.

SAGON (FRANÇOIS). La Complaincte de trois gentilshommes françois occis au voyage de Carignan ; *Paris*, 1554, in-8°.

Sagon naquit vers la fin du quinzième siècle à Rouen, et fut curé de Beauvais.

SAINT-MARTIN (MICHEL de). Les Principes du Gouvernement de Rome ; *Caen*, 1652, in-12 ; 1659, in-8°.

L'abbé de Saint-Martin naquit à Saint-Lô en 1614 et mourut à Caen le 14 novembre 1687.

SCUDÉRY (GEORGES de). Alaric, ou Rome vaincue, *poème héroïque en dix chants*, 1654, in-f°, fig. ; il y eut plusieurs éditions.

Natif du Havre, Georges de Scudéry fut un des poètes les plus féconds de son temps et mourut à Paris en 1667.

SERRA DI FALCO (le duc de). Dome de Monréale et les églises normandes de la Sicile ; *Paris, Victor Didron*, in-f° de 90 p., avec 28 pl. gravées.

SIRET (PIERRE-LOUIS). Grammaire italienne, *Paris*, 1797, in-8°.

Siret, grammairien, né à Evreux en 1745, mourut en 1798 à Vitry-sur-Seine.

TARDIF (JULES). Privilèges accordés à la couronne de France par le S'-Siège. Publiés d'après les originaux conservés à la Biblioth. Imp. *Paris, Imprimerie Impériale*, 1855, in-4° de 440 p.

Tardif, né à Coutances en 1827, est un ancien élève de l'Ecole des Chartes.

TIRÈME DE HAUTENOË (JEAN). Guillelmi Apuliensis rerum in Italia ac regno neapolitano normanicarum, libri quinque ; *Roth., Richard Petit et Rich. Gallemant,* 1582, in-4°.

Tirème, avocat-général au Parlement de Normandie, naquit à Rouen, et mourut en 1602.

VERTOT (l'abbé de). Ambassades de MM. Antoine, Gilles et François de Noailles à Rome, à Venise et à Constantinople, pendant les règnes des quatre derniers Valois (1547-89); ms. inédit ; Biblioth. Imp. de Fontainebleau.

— Origine de la grandeur de la Cour de Rome, et de la nomination aux évêchés et aux abbayes de France ; *La Haye, J. Neaulme,* 1739, et *Lausanne, M. Bousquet,* 1753, in-12.

Réné-Auber d'Aubeuf, abbé de Vertot, célèbre historien, membre de l'Académie des Inscriptions et Belles-Lettres en 1701, né au château de Bennetot, au pays de Caux, le 25 novembre 1655, mourut en 1735.

Nous avons voulu, par cette publication, faire un appel à l'obligeance des érudits qui voudraient bien nous procurer d'autres documents historiques pour augmenter une nouvelle édition qui paraîtra aussitôt que nous aurons reçu quelques renseignements importants.

Dieppe, Septembre 1864.

JULES THIEURY.

TABLE

des

NOMS DE PERSONNES MENTIONNÉES DANS CET OUVRAGE.

A

B

C

D

E

Eboli (Pierre d'), chroniqueur sicilien, 40.

Elie de Beaumont (J.-B. A. L. L.), géologue, norm. de naissance, 55.

Elie (Le Père), voyez Harel.

Enguerrand de La Rivière, chevalier normand, 17, 18.

Eudes (Richard), médecin normand, 41.

F

Falcand (Hugues), historien, normand de naissance, 41,

Fauvel, maître des comptes de la province de Normandie, voyageur, 55.

Ferro (Marcel), érudit italien, 41.

François I, roi de France, 29, 60.

Frédéric I, *Barberousse*, empereur, 17.

Frère (Ed.), bibliographe normand, 31.

Fréville (De), écrivain normand, 31.

G

Gaimar, prince de Salerne, 12.

Gauttier d'Arc, historien français, 41, 42.

Geoffroi, chevalier normand, 17.

Geoffroy, comte de Conversano, 27.

Geoffroi *Malaterra*, chroniqueur, normand de naissance, 42.

Giannone (Pierre), historien italien, 42.

Gianson (Arsène de), moine de la Trappe, 53.

Giovinetto, voyez Jouvenet.

Grœvius, publiciste italien, 35.

Grimaldo Vicecomiti, marchand génois, 16.

Grosparmi (Raoul de), évêque normand, 27.

Guillaume I, roi de Sicile, 46.

Guillaume de Lostanges, chevalier normand, 18.

Guillaume-le-Conquérant, 14.

Guillaume de La Pouille, chroniqueur, 43. 63.

Guiscard (Robert), duc de la Pouille et de Calabre, normand de naissance, 14, 35, 36, 38, 42, 45.

Guitmond, évêque d'Averse, normand de naissance, 27.

Guyot (A. T.), maître de la Chambre des comptes de Rouen, normand de naissance, 55.

H

Hannibal, voyez Annibal.

Hannibal-Romei, personnage italien, 55.

Harcourt (Guy d'), gentilhomme, normand de naissance, 29.

Harel (M. M.), religieux, normand de naissance, 56.

Hasting, fameux aventurier normand, 37.

Haussez (Baron d'), ministre de la marine en 1829, normand de naissance, 56.

Hautenoë (Jean Tirème de), avocat général au parlement de Rouen, normand de naissance, 43, 63.

Henri IV, roi de France, 53, 54.

Henri VI, empereur des Romains, 40.

Héran (D'), littérateur, normand de naissance, 56.

Homodeis (Antonio Filoteo de), traducteur italien, 41.

Houard, jurisconsulte normand, 16.

Huillard-Bréholles, publiciste français, 43, 44.

I

Isabelle (Ch.-Ed.), architecte, normand de naissance, 56.

J

Jacob de Jhota, marchand pisan, 16.

Jacobo de Isola, marchand pisan, 16.

Jal, archéologue français, 24.

James (C.), médecin, normand de naissance, 57.

Jean-Sans-Terre, duc de Normandie, 16.

Jeanne Iʳᵉ, reine de Naples, 55.

Jeanne IIᵉ, reine de Naples, 55.

Jouvenet (Jean), célèbre peintre, normand de naissance, 28.

Jupiter, 58.

K

L

M

Marot (Jean), poète normand, 60.
Martin V, pape, 28.
Mas Latrie, archéologue français, 39.
Mathilde, sœur de Roger, roi de Sicile, 35.
Maufer (Pierre), imprimeur, normand de naissance, 28.
Maupertuis (Jean Drouet de), 53.
Médicis (Marie de), 53.
Melo de Bari, seigneur apulien, 13.
Michel del Giudice de Palerme, savant italien, 46.
Moncel (Du), savant français, 60.
Muratori, historien italien, 35, 42, 43, 46.
Mutel de Boucheville (J.-F.), poète normand, 60.

N

Néel, poète normand, 60.
Nicéron, biographe français, 45.
Noailles (Antoine de), ambassadeur en Italie au XVIe siècle, 63.
Noailles (Gilles de), idem.
Noailles (François de), idem.

O

Offa, roi anglo-saxon de Mercie, 11.
Ouen (Saint), évèque normand, 11.

P

Paolo Simone de Belli, personnage italien, 25.
Pardessus, jurisconsulte français, 23.
Parme (Duc de), 30.
Pastoret (Amédée de), 45.
Peltier (Jacques Le), riche marchand normand, 26.
Péritzol, géographe, 25.
Philippe III, roi de France, 19.
Pierre des Prés, chevalier normand, 18.

Spelmann, jurisconsulte, 16.
Spinelli, personnage italien, 46.
Stochove (De), sieur de Sainte-Catherine, gentilhomme flamand, 55.
Strabon, géographe grec, 9, 10.

T

Tafuri, personnage italien, 46.
Tancrède de Hauteville, seigneur normand, 13, 36, 40.
Taranne, littérateur français, 39.
Tardif (J.), érudit normand, 63.
Tasse, poète italien, 37.
Tirème de Hautenoë, personnage normand, 63.
Tournay (Gervais de), écrivain français, 41.
Trémoille (De La), vicomte de Thouars et prince de Talmont, 59.

U

Ugo Drappario, marchand génois, 16.
Urbain II, pape, 14, 27.
Urbain IV, pape, 27.

V

Valentin (Saint), évêque de Terny en Italie, 51.
Varenne (Le comte Charles de La), 32.
Vegèce, écrivain latin, 24.
Vertot, historien normand, 63.
Villani, historien italien, 22.
Vitet, érudit français, 20, 21.

W

Wolf (Jean). érudit allemand, 45.
Wolowski, savant français, auteur de la préface de *De l'Economie politique au Moyen-Age*, par M. le comte Louis Cibrario, 25, 31.

Z

Ziégler (Jacques), savant allemand, 45.

7

TABLE GÉOGRAPHIQUE.

A

B

N

O

P

R

S

Dieppe. — Emile DELEVOYE, imprimeur

www.ingramcontent.com/pod-product-compliance
Lightning Source LLC
Chambersburg PA
CBHW070912280326
41934CB00008B/1685